L'abeille

Les abeilles s'affairent.

Bzzz! Bzzz! Bzzz! Les abeilles bourdonnent et volent de fleur en fleur. Au printemps et en été, elles sont très occupées à rassembler de la nourriture.

▲ Les abeilles sont capables de se poser sur une très petite fleur, sans la casser.

▼ Une abeille a quatre ailes, fines et transparentes.

▲ Les abeilles boivent le nectar, le jus sucré des fleurs.

▼ Pour produire une seule goutte de miel, les abeilles doivent butiner le nectar de centaines de fleurs.

A la recherche de nourriture

Les abeilles se nourrissent de nectar et de pollen. Au cours de leurs collectes, elles stockent le nectar dans leur abdomen. Elles mettent le pollen dans de petites corbeilles situées sur leurs pattes arrière pour le transporter jusqu'à la ruche.

▼ L'abeille aspire le nectar avec sa langue qui a la forme d'une paille.

▲ Cette abeille est recouverte de pollen.

▲ Les abeilles boivent aussi de l'eau

▼ L'abeille pénètre dans le cœur de la fleur et ramasse le pollen en le faisant glisser dans les corbeilles de ses pattes arrière.

▲ L'abeille qui danse livre son message aux autres abeilles.

La danse des abeilles

De retour à la ruche, l'abeille dépose le nectar et le pollen qu'elle a récoltés et commence à danser.
En réalisant certaines figures, elle indique aux autres abeilles où elles peuvent trouver de la nourriture.

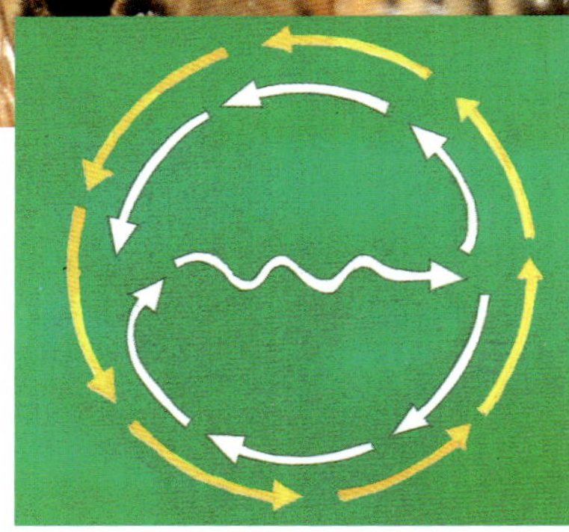

▲ Les abeilles dansent en suivant un schéma:
- cercle blanc: nourriture à une distance de plus de 100 mètres.
- cercle jaune: nourriture à une distance de moins de 100 mètres.

▲ L'abeille recrache le nectar de manière à ce que l'autre abeille puisse le stocker.

▲ Les abeilles stockent le pollen dans les alvéoles.

▼ Une famille d'abeilles est composée de plusieurs milliers d'abeilles.

▸ Une nouvelle maison est de couleur claire.

▾ Les abeilles dorment à l'extérieur des alvéoles. Elles se cramponnent les unes aux autres pour ne pas tomber.

▴ Les anciennes alvéoles sont beaucoup plus foncées.

◂ Ces abeilles sont en train de construire leur maison.

▴ Les abeilles construisent leur maison avec de la cire qu'elles ont fabriquée elles-mêmes.

Construire une maison

Certaines abeilles vivent dans un arbre creux. D'autres vivent dans une ruche, chez un éleveur. Un éleveur d'abeilles s'appelle un apiculteur.
Dans ces maisons se trouvent des petites chambres à six côtés (les alvéoles).
C'est dans ces petites chambres que sont stockés le nectar et le pollen.

▲ Lorsqu'il fait chaud, les abeilles battent des ailes pour refroidir les alvéoles.

▲ Attention, ne touche jamais un nid d'abeilles!

▲ Quand il fait vraiment trop chaud, elles apportent de l'eau pour mouiller les alvéoles.

De vrais ventilateurs!

Lorsque les cellules deviennent trop chaudes ou trop froides, les abeilles s'en occupent. Elles les ventilent en battant des ailes, elles répandent de l'eau, se serrent ou volent en rond. Elles peuvent ainsi contrôler la température et l'humidité des alvéoles.

▼ Lorsqu'il fait froid, les abeilles se serrent les unes contre les autres pour se réchauffer.

▼ Partout où elle va, la reine est suivie par de nombreuses abeilles qui prennent soin d'elle en lui donnant à manger et en la lavant.

▲ Chaque nid a besoin d'une reine.

La reine pond des œufs.

Une des abeilles du nid est très, très grande. C'est la reine des abeilles. Elle s'accouple avec le faux-bourdon (l'abeille mâle) et pond des œufs. Il s'agit de son unique tâche. Quand elle a faim, les abeilles ouvrières lui apportent de quoi manger. Lorsqu'elle se salit, les ouvrières la lavent.

▾ La reine des abeilles place son abdomen dans les alvéoles pour pondre des œufs.

▾ Voici un faux-bourdon, l'abeille mâle.

▾ La reine dépose un seul œuf dans chaque alvéole.

▲ Cette abeille s'occupe des larves.

La croissance

Lorsque les œufs éclosent, ils donnent naissance à de toutes petites abeilles (les larves). Les autres abeilles viennent les nourrir. Les larves qui deviendront reine à leur tour sont nourries avec de la gelée royale. Après trois jours, elles mangent du nectar et du pollen.

▼ Voici des larves d'abeille.

▼ Les larves ont grandi et sont devenues des chrysalides.

▼ Les abeilles ouvrières referment les alvéoles avec de la cire et du pollen.

▼ La larve de cette alvéole reçoit de la gelée royale. Plus tard, elle deviendra reine des abeilles. C'est pourquoi on appelle cette alvéole l'alvéole royale.

▲ Au bout de 21 jours, la chrysalide casse le petit couvercle de cire de son alvéole...

▼ ... et une jeune abeille se hisse vers l'extérieur.

▲ Les abeilles sont couvertes de poils minuscules.

Travailler avec ardeur

Les abeilles font preuve de beaucoup de zèle.
Elles commencent à travailler à peine sorties de leur alvéole.

▼ Ces abeilles nourrissent les larves.

▼ Les abeilles veillent à ce que leurs alvéoles restent propres.

▸ Les abeilles utilisent la cire qu'elles transportent pour construire des cellules.

▴ Si une abeille meurt, les autres la tirent hors du rayon.

▾ Ces abeilles sont les gardiennes de la ruche.

▲ Ensemble, les abeilles sont capables de tuer une guêpe-tigre.

La vie d'une jeune abeille

Les jeunes abeilles commencent par nettoyer leurs alvéoles. Lorsqu'elles ont grandi, elles s'occupent des autres bébés. Ensuite, elles produisent de la cire et construisent de nouvelles cellules. Plus tard, elles apprennent à recueillir le pollen et le nectar.

Les ennemis des abeilles

Les abeilles ont beaucoup d'ennemis naturels.
Si elles n'arrivent pas à les chasser, elles utilisent leur dard. Il se situe dans la queue de l'abeille. C'est une arme mortelle, mais une fois qu'elles l'ont utilisée, les abeilles meurent à leur tour.

▲ La guêpe-tigre, l'araignée, la libellule, la grenouille, l'oiseau et le lézard sont des ennemis de l'abeille.

La reine des abeilles déménage.

La ruche est de plus en plus peuplée. La reine des abeilles la quitte et emmène avec elle la moitié de la famille pour construire un nouveau nid. Qu'advient-il de leur précédente maison? Les abeilles l'abandonnent à l'autre moitié de la famille et à la nouvelle reine qui vient de naître.

Une abeille vue de près

Les abeilles ont deux très grands yeux. Elles ont un champ de vision très large. Elles ont aussi trois autres yeux plus petits qui ne voient que la lumière et les ombres.

Le dard de l'abeille a un petit crochet à son extrémité. Lorsque l'abeille pique, son dard reste dans le corps de l'ennemi. L'abeille en meurt.